Trainingsplanung für das Beweglichkeits- und Koordinationstraining

Bibliografische Information der Deutschen Nationalbibliothek:

Die Deutsche Nationalbibliothek verzeichnet diese Publikation in der Deutschen Nationalbibliografie; detaillierte bibliografische Daten sind im Internet über http://dnb.d-nb.de abrufbar.

ISBN: 9783346860248
Dieses Buch ist auch als E-Book erhältlich.

Druck und Bindung: Books on Demand GmbH, Norderstedt Germany
Gedruckt auf säurefreiem Papier aus verantwortungsvollen Quellen

Das vorliegende Werk wurde sorgfältig erarbeitet. Dennoch übernehmen Autoren und Verlag für die Richtigkeit von Angaben, Hinweisen, Links und Ratschlägen sowie eventuelle Druckfehler keine Haftung.

Das Buch bei GRIN: https://www.grin.com/document/1351742

Deutsche Hochschule für

Prävention und Gesundheitsmanagement

Hermann Neuberger Sportschule 3

66123 Saarbrücken

Einsendeaufgabe

Fachmodul: Trainingslehre III

Studiengang: Fitnessökonomie

Datum
Präsenzphase **09.11.2020 – 11.11.2020**

Studienort: **Leipzig**

Semester: **Wintersemester 2018**

Inhaltsverzeichnis

1 Lösung Aufgabe 1 - Personendaten

1.1 Lösung Teilaufgabe 1.1 – Allgemeine und biometrische Daten

Tabelle 1: Allgemeine und biometrische Daten zur Person
Quelle: Eigene Darstellung

Geschlecht	Männlich
Alter	24
Größe	185 cm
Gewicht	83 Kg
Beruf	Kassierer
BMI	24,3 → Normalgewicht (siehe Tabelle 2)
Körperfettanteil	18,4 % → Normalwert (siehe Tabelle 3)
Blutdruck	128/84 mmHg → Normalwert (siehe Tabelle 4)
Ruhepuls	64 S/min → Normalwert (siehe Tabelle 5)
Sportliche Aktivität	2x Fußballtraining pro Woche + 1x Spiel
Trainingsmotiv	Allgemeine Beweglichkeit aufrechterhalten und verbessern
Verfügbare Zeit	1-3h pro Tag
Subjektive Beschwerden	Verspannungen bzw. Verhärtungen der Nackenmuskulatur, untere Rückenmuskulatur, sowie der Oberschenkelvorderseite und der Hüftadduktoren nach dem Fußballspielen
Erkrankungen	Keine
Einnahme von Medikamenten	Keine
Operationen in den letzten 10 Jahren	Keine

Tab. 2: Beurteilung des Body-Mass-Indexes für Erwachsene (BMI)
Quelle: World Health Organization [WHO], Obesity: preventing and managing the global epidemic, 2000, S. 9

Klassifikation	BMI
Untergewicht	<18,50
Normalgewicht	18,50 – 24,99

Übergewicht
  Präadipositas
  Adipositas Klasse I
  Adipositas Klasse II
  Adipositas Klasse III
	≥25,00
	25,00 – 29,99
	30,00 – 34,99
	35,00 – 39,99
	≥40,00

Tab. 3: Klassifikation der Körperfettwerte

Quelle: Klassifikation des Körperfettanteils (KFA) für erwachsene Frauen und Männer bis 79 Jahre (Gallagher et. al., 2000). Studienbrief Ernährung I – Ablauf der Ernährungsberatung (rev.21.031.000), S.33, Tab. 3. Saarbrücken: Deutsche Hochschule für Prävention und Gesundheitsmanagement

Alter (Jahre)	KFA Frauen				KFA Männer			
	Niedrig	Normal	Hoch	Sehr hoch	Niedrig	Normal	Hoch	Sehr hoch
20 - 39	< 21 %	21.33 %	33-39 %	≥ 39 %	< 8 %	8-20 %	20-25 %	≥ 25 %
40 - 59	< 23 %	23-34 %	34-40 %	≥ 40 %	< 11 %	11-22 %	22-28 %	≥ 28 %
60 - 79	< 24 %	24-36 %	36-42 %	≥ 42 %	< 13 %	13-25 %	25-30 %	≥ 30 %

Tab. 4: Definitionen und Klassifikationen der Blutdruckwerte

Quelle: Blutdruckklassifikationen der American Heart Association (modifiziert nach Mancia et al., 2013, S. 1286). Studienbrief Medizinische Grundlagen – Pathophysiologie ausgewählter Erkrankungen (rev.20.031.000), S.294, Tab. 57. Saarbrücken: Deutsche Hochschule für Prävention und Gesundheitsmanagement

Bewertungsstufen	Systolischer Blutdruck	Diastolischer Blutdruck
Normblutdruck (Normotonie)		
Optimal	Unter 120 mmHg	Unter 80 mmHg
Normal	Unter 130 mmHg	Unter 85 mmHg
Hochnormal	130-139 mmHg	85-89 mmHg
Bluthochdruck (arterielle Hypertonie)		
Stufe 1	140-159 mmHg	90-99 mmHg
Stufe 2	160-179 mmHg	100-109 mmHg
Stufe 3	> 180 mmHg	>110 mmHg

Tab. 5: Klassifikation des Ruhepulses nach Alter

Quelle: Milan, R. (2019). Pulswerte – richtig messen und bewerten. Zugriff am 19.11.2020 um 12:38 Uhr. Verfügbar unter https://www.blutdruck-und-bluthochdruck.de/pulswerte/#

Personengruppe oder Alter	Normale Pulswerte / Ruhepuls (S/min)
Baby / Säugling	140
Kleinkind (2 Jahre)	120
Kind (4 Jahre)	100
Kind (10 Jahre)	90
Jugendliche (14 Jahre)	85
Frau (ab 18)	60-75
Mann (ab 18)	65-80
Senioren	80-85
Sportler	40-60
Bradykardie (Langsamherzigkeit)	<60
Trachykardie (Herzrasen)	>100

Durch die allgemeinen und biometrischen Daten der Person wird deutlich, dass Sie sich in einem sehr guten Gesundheitszustand befindet, da sich sämtliche Vitalparameter im Normalbereich befinden. Durch die bereits vorhandene, regelmäßige sportliche Aktivität der Person ist von einer starken Belastbarkeit und einer guten Trainierbarkeit auszugehen. Aus diesem Grund sollte die Trainingsplanung ohne Einschränkungen durchzuführen sein.

2   Lösung Aufgabe 2 – Beweglichkeitstestung

Bevor man mit der Trainingsplanung beginnen kann, muss mit der Person ein manueller Beweglichkeitstest nach Janda (2000) durchgeführt werden um mögliche Beweglichkeitsdefizite festzustellen. Dabei werden folgende Muskelgruppen untersucht: Brustmuskulatur, Hüftbeugemuskulatur, Kniestreckmuskulatur, Kniebeugemuskulatur und Wadenmuskulatur.

2.1 Brustmuskulatur (M. pectoralis major)

Zur Testdurchführung (modifiziert nach Janda, 2000, S. 270) für die Testung der Brustmuskulatur legt sich der Proband mit dem Rücken auf eine Behandlungsliege, die Beine sind zur Beckenfixierung angewinkelt, der Bauch ist angespannt und die Füße aufgestellt. Der Tester fixiert den Brustkorb, während der Proband den zu testenden Arm seitlich vorm Körper weg hält und das Ellbogengelenk zu 90° gebeugt ist, sodass sich die Hand auf Kopfhöhe befindet. Als Messbereich gilt die Position des Oberarms zur Horizontalen. Es ist wichtig, dass ein Anheben des Beckens oder eine Hyperlordose vermieden wird, da diese das Testergebnis manipulieren. Dazu ist es hilfreich, die Bauchmuskulatur anzuspannen.

Testauswertung (modifiziert nach Janda, 2000, S. 271):
Stufe 0: Keine Beweglichkeitsdefizite. Oberarm erreicht Horizontale. Durch leichten Druck des Testers kann Oberarm unter die Horizontale bewegt werden.

Stufe 1: Leichte Beweglichkeitsdefizite. Oberarm erreicht Horizontale nicht. Durch leichten Druck des Testers kann Oberarm bis zur Horizontale bewegt werden.

Stufe 2: Deutliche Beweglichkeitsdefizite. Oberarm erreicht Horizontale auch durch Druck des Testes nicht.

2.2 Hüftbeugemuskulatur (M. iliopsoas)

Zur Testdurchführung (modifiziert nach Janda, 2000, S. 258) für die Testung der Hüftbeugemuskulatur legt sich der Proband so mit dem Rücken auf die Behandlungsliege, dass das Gesäß mit der Kante der Liege abschließt und die Beine frei hängen. Der Proband zieht ein Bein so nah wie möglich angewinkelt zum Körper heran, das andere Bein hängt weiter frei und der Tester beobachtet die Hüftflexion des freien Beines. Der Hüftbeugewinkel zwischen Oberschenkel und Körperlängsachse zeigt dabei die vorhandenen Beweglichkeitsdefizite. Es ist wichtig, dass ein Anheben des Beckens oder eine Hyperlordose vermieden wird, da diese das Testergebnis manipulieren.

Testauswertung (modifiziert nach Janda. 2000, S. 259):

Stufe 0: Keine Beweglichkeitsdefizite. Oberschenkel erreicht Horizontale. Durch leichten Druck des Testers kann Oberschenkel unter Horizontale bewegt werden.

Stufe 1: Leichte Beweglichkeitsdefizite. Leichte Hüftbeugestellung. Durch leichten Druck des Testers kann Oberschenkel bis zur Horizontale bewegt werden.

Stufe 2: Deutliche Beweglichkeitsdefizite. Oberschenkel erreicht Horizontale auch durch Druck des Testers nicht.

2.3 Kniestreckmuskulatur (M. rectus femoris)

Zur Testausführung (modifiziert nach Janda, 2000, S. 258) für die Testung der Kniestreckmuskulatur legt sich der Proband so mit dem Rücken auf die Behandlungsliege, dass das Gesäß mit der Kante der Liege abschließt und die Beine frei hängen. Der Proband zieht ein Bein so nah wie möglich angewinkelt zum Körper heran, das andere Bein hängt weiter frei und der Tester fixiert es im maximalen Hüftextensionswinkel. Dieses Bein wird anschließend durch den Tester in einen maximalen möglichen Kniebeugewinkel geführt. Der Kniebeugewinkel zwischen Ober- und Unterschenkel ist maßgebend für die Testauswertung. Es ist wichtig, dass ein Anheben des Beckens oder eine Hyperlordose vermieden wird, da diese das Testergebnis manipulieren.

Testauswertung (modifiziert nach Janda, 2000, S. 259):

Stufe 0: Keine Beweglichkeitsdefizite. Unterschenkel hängt senkrecht herab. Durch leichten Druck des Testers ist es möglich, die Kniebeugung zu vergrößern.

Stufe 1: Leichte Beweglichkeitsdefizite. Unterschenkel ist leicht nach vorne gestreckt. Durch leichten Druck des Testers kann ein Kniebeugewinkel von 90° erreicht werden.

Stufe 2: Deutliche Beweglichkeitsdefizite. Unterschenkel ist deutlich nach vorne gestreckt. Durch Druck des Testers wird ein Kniebeugewinkel von 90° nicht erreicht.

2.4 Kniebeugemuskulatur (Mm. Ischocrurales)

Zur Testdurchführung (modifiziert nach Janda, 2000, S. 261) für die Testung der Kniebeugemuskulatur legt sich der Proband mit dem Rücken auf die Behandlungsliege. Das nicht getestete Bein wird angewinkelt aufgestellt. Das zu testende Bein wird vom Tester in gestreckter Position in die maximal mögliche Hüftflexion geführt. Der Hüftbeugewinkel zwischen Beinachse und Longitudinalachse gilt als Messbereich. Es ist wichtig, dass ein Anheben des Beckens oder eine Hyperlordose vermieden wird, da diese das Testergebnis manipulieren. Das angewinkelte Bein darf die Ausgangsposition nicht verlassen.

Testauswertung (modifiziert nach Janda, 2000, S. 262):

Stufe 0: Keine Beweglichkeitsdefizite. Flexion im Hüftgelenk ist im Ausmaß von 90° möglich.

Stufe 1: Leichte Beweglichkeitsdefizite. Flexion im Hüftgelenk ist bis zwischen 80-90° möglich.

Stufe 2: Deutliche Beweglichkeitsdefizite. Flexion im Hüftgelenk ist nur unter 80° möglich.

2.5 Wadenmuskulatur (Mm. Triceps surae)

Zur Testdurchführung (modifiziert nach Janda, 2000, S. 255) zur Testung der Wadenmuskulatur legt sich der Proband mit dem Rücken auf die Behandlungsliege. Das nicht getestete Bein wird angewinkelt aufgestellt. Das zu testende Bein ist gestreckt und die distale Hälfte des Unterschenkels ragt über das Ende der Liege hinaus. Mit einer Hand greift der Tester das Fersenbein, mit der anderen Hand greift er den Fuß von der Fußaußenkante her. Der Tester übt einen Hauptzug an der Ferse aus und zieht das Bein zu sich heran. Mit der anderen Hand drückt er den Vorfuß am äußeren Fußrand Richtung Schienbein bis zur maximalen Dorsalextension.

Testauswertung (modifiziert nach Janda, 2000, S. 255):

Stufe 0: Keine Beweglichkeitsdefizite. Eine Dorsalextension ist mindestens bis zur 0°-Stellung möglich (90° zwischen Fuß und Unterschenkel).

Stufe 1: Leichte Beweglichkeitsdefizite. Die 0°-Stellung wird nicht erreicht. Eine Dorsalextension ist aber möglich.

Stufe 2: Deutliche Beweglichkeitsdefizite. Eine Dorsalextension ist nur bis 10° unterhalb der 0°-Stellung möglich.

Tab. 6: Beweglichkeitstestung
Quelle: Eigene Darstellung

Testübung	Bewertung	Ergebnis
Brustmuskulatur	Stufe 0 = Oberarm erreicht Horizontale Stufe 1 = Oberarm erreicht Horizontale durch Druck des Testers Stufe 2 = Oberarm erreicht Horizontale auch durch Druck des Testers nicht	Rechts: 1 Links: 1
Hüftbeugemuskulatur	Stufe 0 = Oberschenkel erreicht Horizontale Stufe 1 = Oberschenkel erreicht Horizontale durch Druck des Testers Stufe 2 = Oberschenkel erreicht Horizontale auch durch Druck des Testers nicht	Rechts: 0 Links: 0
Kniestreckmuskulatur	Stufe 0 = Unterschenkel hängt senkrecht herab Stufe 1 = Unterschenkel erreicht 90° im Kniegelenk durch Druck des Testers Stufe 2 = Unterschenkel erreicht 90° im Kniegelenk auch durch Druck des Testers nicht	Rechts: 0 Links: 0

Kniebeugemuskulatur	Stufe 0 = Hüftflexion Ausmaß von 90° möglich	Rechts: 0
		Links: 0
	Stufe 1 = Hüftflexion Ausma0 zwischen 80-90° möglich	
	Stufe 2 = Hüftflexion nur unter 80° möglich	
Wadenmuskulatur	Stufe 0 = Dorsalextension bis 0° möglich	Rechts: 0
		Links: 0
	Stufe 1 = Dorsalextension möglich, 0° wird nicht ganz erreicht	
	Stufe 2 = Dorsalextension nur bis 10° unter 0°-Stellung möglich	

Durch die Beweglichkeitstestung wird ersichtlich, dass leichte Beweglichkeitsdefizite der Stufe 1 der Brustmuskulatur vorhanden sind. Diese sind sehr wahrscheinlich auf die berufliche Tätigkeit als Verkäufer zurückzuführen, da die Person den Großteil ihrer Arbeit im Sitzen ausübt und sich die Schultern dadurch über längere Zeit in einer nach vorn rotierter Position befinden. Dadurch entsteht eine muskuläre Dysbalance als Ausdruck eines motorischen Stereotyps. Die Folgen sind eine Schon- und Ausgleichshaltung, welche sich in einer neuromuskulären Störung und einer eingeschränkten Bewegungsamplitude äußert. Die weiteren Testübungen waren ohne messbare Beweglichkeitsdefizite, was auf das noch junge Alter und der regelmäßigen sportlichen Betätigung in einer Fußballmannschaft zurückzuführen sind.

Es wird dennoch empfohlen, ein Krafttrainingsprogramm im vollem Bewegungsumfang, sowie ein umfassend spezifisches Dehntraining auszuüben, um die vorhandene Beweglichkeit aufrechtzuerhalten und gegebenenfalls zu verbessern.

3 Lösung Aufgabe 3 – Trainingsplanung Beweglichkeitstraining

Tab. 7: Darstellung eines Trainingsplans für ein Dehntraining

Quelle: Eigene Darstellung

Übungsname und Zielmuskulatur	Übungsdurchführung	Dehnmethode
1) Dehnung der Schulterblattfixatoren im Stand Zielmuskulatur: -M. trapezius -Mm. rhomboidei	Die Ausgangsposition ist der Stand. Die Hände werden verschränkt und die Arme auf Schulterhöhe vom Körper weg gestreckt. Die Dehnposition wird eingenommen, indem die Schulterblätter aktiv von der Wirbelsäule weg nach vorn gezogen werden. Der Kopf wird zusätzlich nach vorn geneigt. Für eine dynamische Durchführung werden die Schultern wieder ein Stück zurück zur Wirbelsäule geführt und der Kopf leicht angehoben. Im Anschluss wird die Dehnposition wieder eingenommen.	Aktiv, dynamisch
2) Dehnung der Brustmuskulatur im Stand Zielmuskulatur: -M. pectoralis major	Die Ausgangsposition ist ein schulterbreiter Stand, neben einem geraden, stabilen Objekt, wie beispielsweise einer Wand. Der Körper steht seitlich zum Objekt, wobei der zum Objekt gewandte Arm auf Schulterhöhe am Objekt anliegt, im Ellbogengelenk um 90° gebeugt wird und der Fuß auf der	Passiv, postisometrisch

-M. deltoideus pars clavicularis	selbigen Seite einen Schritt nach vorn gesetzt wird. Für eine postisometrische Dehnung wird der Ellbogen durch Kontraktion der Brustmuskulatur 10 Sekunden gegen die Wand gedrückt. Anschließend wird die Kontraktion für 3 Sekunden gelöst und durch Verlagerung des Körpergewichts nach vorn die Dehnposition mit spürbarem Druck eingenommen und für 15 Sekunden gehalten. Dieser Wechsel zwischen Kontraktion, Entspannung und Dehnung wird über 60 Sekunden wiederholt.	
3) Dehnung der hinteren Schultermuskulatur im Stand Zielmuskulatur: -M. deltoideus pars spinata -M. trapezius pars transversa	Die Ausgangsposition ist der Stand. Ein Arm wird mit gebeugtem Ellbogengelenk vom Körper abgespreizt und auf Schulterhöhe vor dem Körper mit dem anderen Arm am Ellbogen fixiert. Die Schulter ruht auf der Schulter der anderen Seite. Die Dehnposition wird eingenommen, indem mit dem anderen Arm Druck auf den Ellbogen ausgeübt und der angewinkelte Arm zum Körper geschoben wird. Da die Dehnübung statisch ist, wird diese Position gehalten.	Passiv, statisch
4) Dehnung der seitlichen Rumpfmuskulatur im Seitgrätschstand Zielmuskulatur: -M. latissimus dorsi -M. obliquus externus abdominis -M. obliquus internus abdominis	Die Ausgangsposition ist ein leichter Seitgrätschstand. Die Arme werden gestreckt und verschränkt nach oben über den Kopf geführt. Die Dehnposition wird eingenommen, indem der Oberkörper leicht zu einer Seite geneigt wird. Zusätzlich wird die Dehnung durch einen aktiven Zug nach oben an dem zur Beugerichtung gegenüberliegendem Arm verstärkt. Da die Dehnübung statisch ausgeübt wird, wird diese Position gehalten.	Passiv, statisch
5) Dehnung der Hüftbeugemuskulatur im Kniestand Zielmuskulatur: -M. iliopsoas -M. rectus femoris	Die Ausgangsposition ist der Kniestand. Ein Bein wird mit komplett aufliegendem Fuß vor den Körper gestellt, das Kniegelenk ist gebeugt und der Fuß ist vor dem Knie. Das hintere Bein wird mit aufliegendem Knie und Unterschenkel hinter den Körper geführt. Der Oberkörper ist aufrecht und und wird mit den Händen auf dem vorderen Bein abgestützt. Die Dehnposition wird eingenommen, indem der Körperschwerpunkt nach vorne untern verlagert und das Becken abgesenkt wird. Für eine dynamische Durchführung wird der Körperschwerpunkt abwechselnd leicht nach hinten oben verlagert und anschließend die Dehnposition wieder eingenommen.	Passiv, dynamisch
6) Dehnung der Rückenstrecker im Vierfüßlerstand Zielmuskulatur: -Mm. erector spinae	Die Ausgangsposition ist der Vierfüßlerstand. Die Dehnposition wird eingenommen, indem die Bauchmuskulatur aktiv angespannt und die Wirbelsäule nach oben gewölbt wird. Für eine dynamische Durchführung wird im Wechsel die Bauchmuskulatur entspannt, die Wirbelsäule nach unten gestreckt und die Dehnposition wieder eingenommen.	Aktiv, dynamisch
7) Dehnung der seitlichen Rumpfmuskulatur in Rückenlage Zielmuskulatur: -M. obliquus externus abdominis -M. obliquus internus abdominis	Die Ausgangsposition ist die Rückenlage. Die Beine werden im Kniegelenk angewinkelt und die Füße stehen komplett auf dem Boden auf. Die Arme werden im 90° Winkel vom Körper abgespreizt. Die Dehnposition wird eingenommen, indem die angewinkelten Beine zu einer Seite auf den Boden abgelegt werden. Die Schultern liegen dabei permanent auf dem Boden auf. Diese Position wird gehalten, da die Übung statisch ausgeführt wird. Daraufhin wird die Übung auf der anderen Seite wiederholt.	Passiv, statisch

8) Dehnung der vorderseitigen Oberschenkelmuskulatur in Seitlage Zielmuskulatur: -M. quadriceps femoris	Die Ausgangsposition ist die Seitlage. Der zum Boden zeigende Arm wird als Verlängerung des Oberkörpers gestreckt und der Kopf darauf abgelegt. Das nicht auf dem Boden aufliegende Bein wird im Kniegelenk gebeugt, mit dem freien Arm kurz über dem Kniegelenk gefasst und maximal zum Gesäß herangezogen. Die Dehnposition wird eingenommen, indem das Becken gekippt wird. Für eine statische Durchführung wird diese Position gehalten. Die Oberschenkel bleiben dabei parallel zum Boden und zueinander. Anschließend wird die Übung mit dem anderen Bein wiederholt.	Passiv, statisch
9) Dehnung der Rückseitigen Oberschenkelmuskulatur im Stand Zielmuskulatur: -M. biceps femoris -M. semimembranosus -M. semitendinosus	Die Ausgangsposition ist der Stand. Die Beine werden leicht gebeugt und das Becken nach hinten unten abgesengt. Danach wird ein Bein nach vorne gesetzt und gestreckt, das hintere Bein bleibt gebeugt. Die Dehnposition wird eingenommen, indem der Oberkörper leicht nach vorne geneigt wird. Dabei wird das Becken gekippt und die Wirbelsäule bleibt stabilisiert und aufgerichtet. Für eine statische Übung wird diese Position gehalten und daraufhin mit dem anderen Bein wiederholt.	Passiv, statisch
10) Dehnung der Wadenmuskulatur im Stand Zielmuskulatur: -M. gastrocnemius -M. soleus	Die Ausgangsposition ist die Schrittstellung. Das hintere Bein wird gestreckt und steht mit der kompletten Fußsohle auf dem Boden. Das vordere Bein ist im Kniegelenk leicht gebeugt und der Körper etwas nach vorn geneigt. Die Dehnposition wird eingenommen, indem durch eine Beugung des vorderen Beins der Körperschwerpunkt nach vorne untern verlagert wird. Für eine dynamische Durchführung wird das vordere Bein abwechselnd leicht gestreckt und wieder gebeugt, wodurch die Dehnposition immer wieder kurzzeitig verlassen wird.	Passiv, dynamisch

Tab. 8: Belastungsgefüge Dehntraining

Quelle: Eigene Darstellung

Trainingshäufigkeit pro Woche	Dreimal pro Woche
Sätze pro Übung	3 Sätze pro Übung
Dehndauer	-Statisches Dehnen: 40 Sekunden
	-Dynamisches Dehnen: 45 Sekunden (ca. 15 Wdh.)
	-postisometrisches Dehnen: 60 Sekunden (Wechsel zwischen 10 Sekunden Kontraktion, 3 Sekunden Entspannung, 20 Sekunden Dehnung)
Intensität	Maximale Dehnintensität

Die Person hat bei der Beweglichkeitstestung nur in der Brustmuskulatur leichte Beweglichkeitsdefizite aufweisen können, welche durch eine Dehnübung der Brustmuskulatur in Kombination mit einem geeignetem Krafttraining gut zu verbessern sind. Da es sonst keine Beweglichkeitsdefizite gab und das Trainingsmotiv der Person die Aufrechterhaltung und Verbesserung der allgemeinen Beweglichkeit ist, wurde bei der Trainingsplanung auf ein Ganzkörperdehntraining gesetzt. Da die Person durch die sportliche Aktivität bereits dreimal pro Woche im Fußballverein trainiert, wird das Dehntraining an drei anderen, separaten Tagen unter Berücksichtigung der verfügbaren Zeit von 1-3 Stunden pro Tag als eigenständiges Training durchgeführt. Bei der Dehnform wurde sich vermehrt auf ein passives Dehnen konzentriert, da es für die Person einfacher durchzuführen ist und so eine muskuläre Limitierung bei zu schwachen Antagonisten, was bei der aktiven Dehnform zu Problemen führen könnte, weitestgehend ausgeschlossen werden konnte. Bei der Auswahl der Arbeitsweisen wurde auf eine möglichst gleichmäßige Verteilung von statischem und dynamischen Dehnen geachtet. Dabei wurde die Dehndauer bei statischen Übungen auf maximal 45 Sekunden begrenzt und die Wiederholungszahl bei dynamischen Übungen auf bis zu 15 Wiederholungen (Freiwald, 2004). Da die Person recht jung ist und eine gute Körperliche Verfassung aufweist, wird darauf geachtet, dass die Dehnintensiät möglichst hoch, idealerweise maximal, ist, wobei bis zum größtmöglichen Dehngefühl gedehnt wird und dieses bei Erreichen sofort wieder aufgelöst wird. Bei dieser Intensität fallen die kurzfristig auftretenden, statistisch signifikanten Verbesserungen der Bewegungsreichweite am größten aus (Marschall, 1999).

4 Lösung Aufgabe 4 – Trainingsplanung Koordinationstraining

Tab. 9: Darstellung eines Trainingsplans für ein Koordinationstraining
Quelle: Eigene Darstellung

Übungsname und Arbeitsweise	Übungsdurchführung
Sitz auf Pezziball mit abwechselndem anheben der Füße, dynamisch	Ausgangsposition ist der Sitz auf einem Pezziball. Die Füße liegen mit der kompletten Sohle auf dem Boden auf, die Knie sind gebeugt und der Körper aufrecht. Nun werden die Füße abwechselnd vom Boden angehoben und 5 Sekunden in der Luft gehalten. Der Körper bleibt dabei aufrecht
Sitz auf Pezziball mit anheben beider Füße, statisch	Ausgangsposition ist der Sitz auf einem Pezziball. Die Füße liegen mit der kompletten Sohle auf dem Boden auf, die Knie sind gebeugt und der Körper aufrecht. Nun werden beide Füße zeitgleich vom Boden angehoben und in der Luft gehalten. Der Körper bleibt dabei aufrecht.
Unterarmstütz auf Pezziball mit abwechselndem anheben der Füße, dynamisch	Ausgangsposition ist der Unterarmstütz auf einem Pezziball, dabei liegen die Ellbogen auf dem Ball auf. Die Beine sind als Verlängerung des Körpers gestreckt und die Füße liegen mit den Zehen auf dem Boden auf. Die Wirbelsäule ist gerade. Nun werden die Füße abwechselnd mit gestrecktem Bein vom Boden angehoben und 5 Sekunden in der Luft gehalten.
Einbeinstand geschlossene Augen, statisch	Ausgangsposition ist der Stand. Die Füße stehen eng nebeneinander, die Knie sind leicht gebeugt und der Körper ist aufrecht. Nun werden beide Augen geschlossen und die Person versucht, in dieser Position ruhig stehen zu bleiben.

Ausfallschritt auf Airex-Kissen, dynamisch	Ausgangsposition ist der Ausfallschritt, dabei wird ein Bein hinter den Körper gestellt, der Fuß liegt mit den Zehen auf dem Boden auf. Das andere Bein wird mit gebeugtem Kniegelenk nach vorn gestellt, der Fuß liegt mit der Kompletten Sohle auf einem Airex-Kissen auf. Der Oberkörper ist aufrecht und die Arme stützen sich an der Taille. Nun bewegt sich das hintere Knie langsam Richtung Boden und das vordere Knie wird nach vorn geschoben. Anschließend bewegt sich die Person zurück in die Ausgangsposition. Dieser Wechsel wird mehrmals wiederholt.
Einbeinstand auf Airex-Kissen, statisch	Als Ausgangsposition steht die Person vor einem Airex-Kissen. Nun wird ein Fuß in die Mitte des Kissens gestellt und das andere Bein angehoben, sodass die Person nur auf einem Bein steht. Dabei ist das Kniegelenk leicht gebeugt, der Körper ist aufgerichtet und der Kopf zeigt geradeaus. Diese Position wird gehalten.
Zweibeinstand Airex-Kissen mit geschlossenen Augen, statisch	Als Ausgangsposition steht die Person vor einem Airex-Kissen. Nun stellt sich die Person mit beiden Füßen auf das Kissen. Die Knie sind leicht gebeugt, der Körper ist aufgerichtet und der Kopf zeigt geradeaus. Im Anschluss schließt die Person die Augen und versucht, in dieser Position ruhig stehen zu bleiben.
Zweibeinstand auf Kreisel, statisch	Als Ausgangsposition steht die Person vor einem Kreisel. Nun stellt sich die Person mit beiden Füßen auf den Kreisel. Die Knie sind leicht gebeugt, der Körper ist aufgerichtet und der Kopf zeigt geradeaus. Diese Position wird gehalten.
Zweibeinstand auf Kreisel mit abwechselndem Hochwerfen eines Balles, dynamisch	Als Ausgangsposition steht die Person mit einem kleinen Ball in der Hand vor einem Kreisel. Nun stellt sich die Person mit beiden Füßen auf den Kreisel. Die Knie sind leicht gebeugt, der Körper ist aufgerichtet und der Kopf zeigt geradeaus. Im Anschluss wirft die Person den Ball mit einer Hand hoch und fängt in mit der anderen Hand wieder auf. Dies wird mehrmals wiederholt.
Ausfallschritt auf Kreisel, dynamisch	Ausgangsposition ist der Ausfallschritt, dabei wird ein Bein hinter den Körper gestellt, der Fuß liegt mit den Zehen auf dem Boden auf. Das andere Bein wird mit gebeugtem Kniegelenk nach vorn gestellt, der Fuß liegt mit der Kompletten Sohle auf einem Kreisel auf. Der Oberkörper ist aufrecht und die Arme stützen sich an der Taille. Nun bewegt sich das hintere Knie langsam Richtung Boden und das vordere Knie wird nach vorn geschoben. Anschließend bewegt sich die Person zurück in die Ausgangsposition. Dieser Wechsel wird mehrmals wiederholt.

Tab. 10: Belastungsgefüge Koordinationstraining
Quelle: Eigene Darstellung

Trainingshäufigkeit pro Woche	Dreimal pro Woche
Sätze pro Übung	3 Sätze pro Übung
Satzpausen	45 Sekunden
Belastungsdauer	-Statische Übungen: 30 Sekunden -dynamische Übungen: 15 Wdh

Da die Person das erste Mal ein Koordinationstraining absolviert, wurde bei der Auswahl der Übungen auf relativ einfache Übungen gesetzt. Vor dem Koordinationstraining wird ein leichtes Aufwärmtraining absolviert, welches ca. 5-10 Minuten in Anspruch nimmt. Anschließend wird mit leicht durchzuführenden Bewegungsaufgabenbegonnen, um erste Erfolgserlebnisse zu schaffen und die Lust und Motivation für das Training aufrechtzuerhalten. Daraufhin werden die Anforderungen an die Person größer, indem auch Übungen integriert wurden, bei denen mit geschlossen Augen (zur Verbesserung der Tiefensensibilität), auf einem Bein oder auf instabilen Unterlagen stehend (um Balance zu erschweren und den Gleichgewichtssinn zu fördern) trainiert wurde (Chwilkowski, 2006, S.56-

58). Das Koordinationstraining wird dreimal wöchentlich, vor dem Dehntraining absolviert. Bei der Festlegung der Belastungsparameter wurde darauf geachtet, dass die Dauer des gesamten Programms nicht über die von Chwilkowski, Häfelinger und Schuba maximal empfohlene Zeit von 45 Minuten hinaus geht (Chwilkowski, 2006, S.61; Häfelinger & Schuba, 2007, S.61).

5   Lösung Aufgabe 5 – Literaturrecherche

Tab. 11: Vergleich zweier Studien
Quelle: Eigene Darstellung

Studiendurchführer	Masahiro Iwata, AyanoYamamoto, Shingo Matsuo, Genki Hatano, Manabu Miyazaki, Taizan Fukaya, Mitsuhiro Fujiwara, Fuji Asai und Shigeyuki Suzuki	Jason Chadwick Smith, Brandi R. Washell, Mary Frances Aini, Sydney Brown und Macgregor C. Hall
Jahr der Publizierung	2019	2019
Untersuchte Forschungsfrage	Wie wirkt sich Dynamisches Dehnen der Hamstring-Muskeln auf den passiven Knieextensions-Bewegungsbereich (ROM), das passive Drehmoment bei Schmerzbeginn und die passive Steifigkeit der Muskel-Sehnen-Einheit aus?	Was sind die akuten und langfristigen Veränderungen des Dorsalflexionsbewegungsumfangs (ROM) als Ergebnis von 6 Wochen Foam Rolling (FR), statischen Dehnen (SD) und FR gefolgt von SD (FR+SD)?
Versuchspersonen	24 gesunde Probanden	44 gesunde Teilnehmer im Universitätsalter
Versuchsaufbau	Die Probanden wurden je in eine Versuchs- und eine Kontrollgruppe eingeteilt. Die Dehnung wurde durchgeführt, und die Messungen wurden mit einem isokinetischen Dynamometer vor der Intervention und zu 0, 15, 30, 45, 60, 75 und 90 Minuten nach der Intervention aufgezeichnet. Das dynamische Dehnen bestand aus zehn 30-s-Sätzen mit 15 Wiederholungen der Extension und Relaxation der Kniesehnen.	Die Teilnehmer wurden nach dem Zufallsprinzip den Gruppen FR, SD und FR + SD zugeteilt. Die FR-Gruppe führte ein Foam Rolling für den M. triceps surae durch. Die SD-Gruppe führte eine Wanddehnung für beide Beine durch. Die FR + SD-Gruppe führte FR unmittelbar gefolgt von SD durch. Alle Gruppen absolvierten 12 Trainingseinheiten in 6 Wochen. Das Dorsalflexions-ROM wurde vor und nach der ersten Trainingseinheit, vor der zweiten Sitzung in Woche 3, vor und nach der letzten Sitzung in Woche 6 und in Woche 7 gemessen.
Ergebnisse	Die ROM nahm unmittelbar nach dem Dehnen um 7-10% zu und die Zunahme blieb über 90 Minuten erhalten. Das passive Drehmoment bei Schmerzbeginn nahm ebenfalls um 10% zu, kehrte aber nach 30 Minuten	In Woche 6 gab es eine ROM Zunahme für alle drei Gruppen von 4%. Von Woche 3 bis Woche 7 nahm ROM aller Gruppen um 8,4% zu. Beim Vergleich der Ergebnisse von Woche 1 zu Woche 7 stieg die ROM bei allen drei Gruppen um 18,3%. Die

zum Ausgangswert zurück. Die passive Steifigkeit nahm um 7,9 – 16,7% ab und die Abnahme blieb über 90 Minuten erhalten. Die Schlussfolgerung ist, dass dynamisches Dehnen vor dem Training vorteilhaft für die Kniesehnenmuskulatur ist, da es die Flexibilität erhöht und die Steifigkeit senkt.	Schlussfolgerung ist, dass statisches Dehnen und Foam Rolling in Bezug auf die Steigerung der Dorsalflexions-ROM sowohl akut als auch nach 6 Wochen Training vergleichbar sind. Dabei scheint eine Kombination beider Methoden keinen synergistischen Effekt auf die Verbesserung der ROM zu haben.

6   Literaturverzeichnis

Blutdruckklassifikationen der American Heart Association (modifiziert nach Mancia et al., 2013, S. 1286). Studienbrief Medizinische Grundlagen – Pathophysiologie ausgewählter Erkrankungen (rev.20.031.000), S.294, Tab. 57. Saarbrücken: Deutsche Hochschule für Prävention und Gesundheitsmanagement

Chwilkowski, C. (2006). Medizinisches Koordinationstraining – Verbesserung der Haltungs- und Bewegungskoordination durch Propriozeption (2. Aufl.). Köln: Deutscher Trainer Verlag

Freiwald, J. (2004). *Dehnen – Legenden, Fakten.* Vortrag, Waldenburg

Häfelinger, U. & Schuba, V. (2007). Koordinationstherapie – propriozeptives Training (Wo Sport Spaß macht, 3., überarb. Aufl.). Aachen: Meyer & Meyer)

Iwata, M., Yamamoto, A., Matsuo, S., Hatano, G., Miyazaki, M., Fukaya, T., et al. (2019). Dynamic Stretching Has Sustained Effects on Range of Motion and Passive Stiffness of the Hamstring Muscles. Zugriff am 20.01.2021 um 17:03 Uhr. Verfügbar unter https://www.ncbi.nlm.nih.gov/pmc/articles/PMC6370952/

Janda, V. (2000). Manuelle Muskelfunktionsdiagnostik (4. Auflage). München: Urban und Fischer

Klassifikation des Körperfettanteils (KFA) für erwachsene Frauen und Männer bis 79 Jahre (Gallagher et. al., 2000). Studienbrief Ernährung I – Ablauf der Ernährungsberatung (rev.21.031.000), S.33, Tab. 3. Saarbrücken: Deutsche Hochschule für Prävention und Gesundheitsmanagement

Marschall, F. (1999). Wie beeinflussen unterschiedliche Dehnintensitäten kurzfristig die Veränderung der Bewegungsreichweite? Deutsche Zeitschrift für Sportmedizin, 50(1), 5-9)

Milan, R. (2019). Pulswerte – richtig messen und bewerten. Zugriff am 19.11.2020 um 12:38 Uhr. Verfügbar unter https://www.blutdruck-und-bluthochdruck.de/pulswerte/#

Smith, J. C., Washell, B. R., Aini, M. F., Brown, S., Hall, M. C. (2019). Effects of Static
Stretching and Foam Rolling on Ankle Dorsiflexion Range of Motion. Zugriff am
20.01.2021 um 17:41 Uhr. Verfügbar unter
https://pubmed.ncbi.nlm.nih.gov/30817716/

World Health Organization [WHO], Obesity: preventing and managing the global epide
mic, 2000, S. 9

7 Abbildungs- und Tabellenverzeichnis

7.1 Abbildungsverzeichnis

7.2 Tabellenverzeichnis